# COUPLETS

## CHANTÉS AU BANQUET

DONNÉ

Par la SOCIÉTÉ DE SAINT-LOUIS,

A LA DÉPUTATION

DU COLLÉGE DE DÉPARTEMENT,

LE 15 MARS 1824.

ROUEN,

DE L'IMPRIMERIE DE F'. MARIE,

RUE DES CARMES, N°. 36.

1824.

# COUPLETS

CHANTÉS AU BANQUET DONNÉ PAR LA SOCIÉTÉ

DE SAINT-LOUIS,

## A LA DÉPUTATION

DU COLLÉGE DE DÉPARTEMENT, LE 15 MARS 1824.

---

### LES TOASTS.

AIR : *Vous m'entendez bien.*

MESSIEURS, vous êtes tous ici
Amis du Roi : je l'aime aussi ;
   A sa santé, sa gloire,
     Eh bien !
   A la ronde il faut boire,
     Et vous m'entendez bien.

Comment distinguer nos Bourbons ?
Dans nos cœurs nous les confondons ;
   A leur santé, leur gloire,
     Eh bien !
   A la ronde, etc.

Un Prince, des Trônes l'appui,
Fils d'Henri, se bat comme lui ;
   A sa santé, sa gloire,
     Eh bien !
   A la ronde, etc.

Aux Braves du *Trocadéro*,
A leurs frères de *Campillo*,
   A l'armée, à sa gloire,
     Eh bien !
   A la ronde, etc.

Gardons-nous ici d'oublier
BELLUNE, ce preux chevalier!
 Aux Bourbons, à leur gloire,
  Eh bien!
 Toujours digne de boire,
  Et vous m'entendez bien.

Si des libéraux le scrutin
A donné rime à *Jacobin*,
 Forts de notre victoire,
  Eh bien!
 Il n'en faut pas moins boire,
  Et vous m'entendez bien.

N'avons-nous pas neuf Députés
Les plus dignes d'être votés?
 A leur santé, leur gloire,
  Eh bien!
 A la ronde, etc.

De ces *Ultra* de Saint-Louis
Toujours ils seront les amis;
 A leur santé, leur gloire,
  Eh bien!
 A la ronde, etc.

Chantons de notre Président
L'esprit, le cœur et le talent:
 A sa santé, sa gloire,
  Eh bien!
 A la ronde, etc.

S'il fallait dire ses vertus,
Vraiment, je n'en finirais plus!
 A sa santé, sa gloire,
  Eh bien!
 Contentons-nous de boire,
  Et vous m'entendez bien.

Vous qui, d'un tel choix consternés,
Avez, dit-on, *un pied de nez;*

Aux Bourbons, à leur gloire,
　Eh bien !
Comment pourriez-vous boire ?
Et vous m'entendez bien.

Messieurs, de ces couplets l'auteur
Aime le Roi de si bon cœur,
　Qu'à sa santé, sa gloire,
　　Eh bien !
Il voudrait toujours boire,
Et vous m'entendez bien.

D. B. F. et L. D.

### COUPLET ADRESSÉ A M. DE CHIÈVRES.

*Député de la Charente-Inférieure, et Membre de la Société de* SAINT-LOUIS.

Il est encore un Député,
Qu'ici de cœur on eût voté ;
　S'il appartient à d'autres,
　　Eh bien !
Il n'est pas moins des nôtres,
Et vous m'entendez bien.

L. D.

---

AIR : *De la pipe de tabac.*

Amis, que la gaîté pétille,
Ce jour est un grand jour pour nous !
C'est une fête de famille,
Le même cœur nous unit tous.　(*Bis.*)
Nous avons eu pleine victoire,
Elle va nous donner la paix :
Célébrons-la, fêtons la gloire,
La gloire de nos bons Français.　(*Bis.*)

　Voyez quel immense avantage
Est maintenant du bon côté :
N'a-t-il pas tout dans son partage ?
Talens, courage et loyauté.　(*Bis.*)

Mettant à profit la victoire,
Volant de succès en succès,
Il éternisera la gloire,
La gloire de nos bons Français.   (*Bis.*)

Pour en consacrer la mémoire,
Amis, buvons à nos Elus !
N'est-ce pas en même temps boire
Au mérite comme aux vertus ?   (*Bis.*)
Ils sont les fruits de la victoire,
Et nos Députés sont bien faits
Pour augmenter encore la gloire,
La gloire de nos bons Français.   (*Bis.*)

Que cet espoir nous régénère,
Et revenons, pour être heureux,
A cet aimable caractère
Que nous tenons de nos aïeux.   (*Bis.*)
Qu'il soit le fruit de la victoire,
Et revenez, joyeux couplets;
Revenez vite pour la gloire,
La gloire de nos bons Français.   (*Bis.*)

M. D.

---

AIR : *Mon père était pot, ma mère était, etc.*

Un fameux Docteur consulté
Sur l'état de la France,
Répondit avec gravité,
Voici mon ordonnance :
  Pour guérir vos maux,
  Guerre aux Libéraux;
Mais, chose préalable,
  C'est qu'il faut chercher,
  Trouver et nommer        } *Bis.*
Notre Chambre introuvable.

L'ordonnance a son plein effet,
Le Docte est un oracle;

Le Roi, le Prince, le sujet,
Chacun crie au miracle.
  Partout culbuté,
  Honni et chassé,
L'ennemi est au diable !
    Nous avons cherché,
    Nous avons trouvé    } *Bis.*
  Cette Chambre introuvable !

Heureux notre Département
Dans cette circonstance,
Avec orgueil certainement
Nous dirons à la France :
  Sans feinte, sans fard,
  Que Fouquier, Ribard,
Sont des choix honorables ;
  Qu'un Montmorenci,
  De Bouville aussi,    } *Bis.*
Sont bien des introuvables.

Je mésuse de vos bontés,
A d'autres je fais place ;
Pour chanter de tels Députés
Il faudrait un Horace.
  Réjouissons-nous,
  Célébrons-les tous
En sablant le Sauterne :
  Aux élections,
  D'un coup nous avons    } *Bis.*
Gagné quine et quaterne.

P. N. L.

---

*Air du Réveil du Peuple.*

**Vous**, que le bien de la Patrie
A réunis dans ce séjour ;
Vous qu'a guidés sa voix chérie,
Le Ciel couronne votre amour.

Il a béni votre suffrage,
Et nos beaux jours sont revenus :
Nous en avons reçu pour gage
Ce bon choix des nouveaux Elus.     (*Bis.*)

La France enfin après l'orage
Se repose sur des lauriers ;
Nos Elus maintiendront l'ouvrage
Que nous devons à nos Guerriers.
L'intérêt, les droits de la France
Seront doublement défendus ;
Nous avons mis notre espérance
Dans nos Guerriers, dans nos Elus.     (*Bis.*)

Heureuse époque pour l'histoire !
Elle doit y vivre pour jamais ;
Elle a dévoilé pour leur gloire
Les sentimens des bons Français.
L'amour et la reconnaissance
Font dire à tous nos cœurs émus :
Vivent les Bourbons et la France,
Et nos Guerriers et nos Elus !     (*Bis.*)

M. D.

## ÉLECTIONS DE 1824.

AIR : *Halte-là ! halte-là ! la Garde Royale est là.*

Après la guerre d'Espagne,
Qu'a faite un Prince vainqueur,
Bientôt s'ouvre la campagne
Du Royaliste électeur.....
Nos ennemis dans la transe,
Font mille efforts impuissans.... ;
Autour d'eux toute la France
Redit ces mots imposans :
    Halte-là !
    Halte-là !
Les Royalistes sont là !....

Les amans de l'anarchie,
Dans leur systême pervers,
Renversant la monarchie
Voulaient nous donner des fers!....
Enfin, ils ont fait naufrage
Sur leur fragile vaisseau....;
Le reste de l'équipage
Va s'en aller à-vau-l'eau.
  L'on dira :
  C'est bien ça,
Les Royalistes sont là!....

 Dans une troupe d'ineptes,
Un Libéral éperdu,
Au milieu de ses adeptes
Dit : Que tout était perdu!....
On lui demande la cause
De ce sinistre entretien.....;
Il répond (pour toute chose) :
C'est qu'on va faire le bien!....
  L'on cria,
  On hurla;
Mais faut en passer par-là.

 Voyez sa triste figure!
Il raconte à ses amis
La douloureuse aventure
Des Libéraux déconfits....
Il disait : Je veux me battre.....
Nous avons trois pieds de nez.....;
Je crois qu'il en faut rabattre,
Car un pied c'est bien assez :
  Halte-là !
  Halte-là !
C'est assez long comme ça.

 Voici bien une autre fête!
Plus loin l'on voit un Phénix
Criant, à rompre la tête :
Nous n'en tenons qu'un sur dix!....

Un autre faquin s'escrime,
Et disait, non sans pâlir :
« Voilà l'espèce de dîme
 » Que l'on voulait rétablir ! »
      La voilà !
      C'est bien ça !
Il faut en passer par-là.

L'on impose à tous silence
Pour un troisième orateur.....
Il prononce la sentence
Que retient chaque auditeur :
« L'on nous réduit au dixième ;
 » Amis, nous sommes perdus !
 » Bientôt viendra le centième.....,
 » Après l'on n'en voudra plus.... :
       » C'est bien ça !
       » Ça viendra !
 » Mes amis croyez cela. »

Jamais plus risible drame
Ne fut offert aux railleurs.....;
Mais laissons-là l'épigramme
Pour des noms chers à nos cœurs....
Lorsque la secte infidèle
Voulait les éliminer,
Le Français toujours fidèle
Aussi-tôt fit résonner :
      Halte-là !
      Halte-là !
Les Royalistes sont là !

Nos Électeurs dans l'ivresse
D'un élan tout glorieux,
Ont député la Sagesse,
Ils ont complété nos vœux !....
Chaque Français qui raisonne,
Contemple un doux avenir.....
Si la faction félonne

Montrait quelque souvenir.... :
>> Halte-là !
>> Halte-là !
Nos Députés seront là !

Si quelque jalouse ligue
Peut gémir sur nos succès ;
Moi, je démasque l'intrigue,
Et lui dis en bon Français :
Vous n'aimez pas la lumière,
Le mérite vous fait peur.....
Et si l'on savait *moins plaire*
L'on gagnerait votre cœur.....
>> C'est bien ça !
>> Halte-là !
Les Royalistes sont là !

Au diable soit la satire !....
J'y rentrais sans le vouloir..... ;
Il est bien plus doux de dire :
Les BOURBONS font notre espoir.....
Si des ennemis du Trône
Devenaient audacieux,
Les amis de la Couronne
Diraient comme leurs ayeux :
>> Halte-là !
>> Halte-là !
Les Français sont toujours là !

C. V.

---

AIR : *Oui, je suis soldat, moi.*

Oui, j'ons fait de bons choix,
Vraiment c'est merveille :
Chantons-les à pleine voix
En vidant not' bouteille.

Vous croyiez nous attraper,
Messieurs de la lumière ;
Mais il fallut décompter
Au bout de la carrière.
Oui, j'ons fait, etc.

Ma foi, j'avons eu grand'peur
Pendant une minute ;
Mais j'avons ri de bon cœur
A l'instant de vot' chute.
Oui, j'ons fait, etc.

En dépit de vos efforts
Vous n'avez pu combattre ;
Taisez-vous, vous êtes morts,
Nous les avons tous quatre.
Oui, j'ons fait, etc.

Amis, réjouissons-nous,
Chantons notre victoire :
Chargez tous, alignez-vous,
Aux Elus il faut boire.
Oui, j'ons fait, etc.

Si l'on nomme un Jacobin,
Il n'en faut pas moins boire,
Sur la liste le faquin
Figure pour mémoire.
Oui, j'ons fait, etc.

V. D.

*Air de Landerirette.*

J'AVAIS lu dans les gazettes
Qui n'suivent pas nos drapeaux,
Qu'la France pour interprètes
N'prendrait que des Libéraux :
   Eh ! lon lan la,
   De vos *Tablettes*,
   Eh ! lon lan la,
   Faut rayer ça.

Vétérans de la licence,
Du scandale héros battus,
Combien mal on récompense
Vos *agissantes* vertus :
 Eh ! lon lan la,
 L'ingrate France,
 Eh ! lon lan la,
 Ne veut plus d'ça.

Talens, prudence, énergie,
Royalisme sans détour ;
C'est le choix que la patrie
Attendait de notre amour.
 Eh ! lon lan la,
 Notre Neustrie,
 Eh ! lon lan la,
 A compris ça.

Le Lis, vainqueur de l'orage,
Croît à l'abri des lauriers ;
La Discorde au cri sauvage
A fui devant nos guerriers :
 Eh ! lon lan la,
 Gloire au courage ;
 Eh ! lon lan la,
 Qui les guida.

Que la rébellion tremble,
Vive le drapeau français !
Nous qu'un même vœu rassemble,
Nous l'défendrons à jamais.
 Eh ! lon lan la,
 Jurons ensemble ;
 Eh ! lon lan la,
 Jurons tous ça.

**A. L. D.**

# LES HÉROS ET LES ZÉROS,

ou

## LES ÉLECTIONS DE 1824.

(Couplets qui n'ont point été chantés, l'Auteur n'ayant pu se trouver au Banquet.)

AIR : *Faut d' la vertu, pas trop n'en faut.*

Je vous plains, pauvres Libéraux !
De nos combats électoraux
Vous pensiez être les Héros,
Vous avez été les Zéros.

   Vous aviez tant crié d'avance,
Que le jour qu'on a fait les choix,
Il n'est pas étonnant, je pense,
Que vous ayez manqué de *voix*.
Je vous plains, etc.

   Du côté gauche, chaque membre
En désertant n'a pas songé,
Qu'on n'occupe plus une *chambre*
Quand on en a donné congé.
Je vous plains, etc.

   Pourtant, quelques chefs de la bande,
Reparaissant à pas de loup,
Prouvent qu'un peu de contrebande
Parvient à se glisser partout.
Je vous plains, etc.

   Dans nos murs la sinistre cause
N'a recruté qu'un seul soutien ;
Sur *dix* un seul n'est pas grand'chose,
Le mal fait ressortir le bien.
Je vous plains, etc.

Libéraux Rouennais, votre homme,
S'immolant au parti qu'il sert,
A besoin de *sucre de pomme*,
On s'enrhume dans le désert.
Je vous plains, etc.

Vous, Messieurs, notre conscience,
De vous choisir nous fit la loi,
Parce qu'en plaidant pour la France,
Vous soutiendrez les droits du Roi.
Je vous plains, etc.

## UN DIABLE A PARIS.

Air : *Buvons à tire-larigot.*

Satan fait sortir des Enfers
Un Diable à longue vue......;
Il l'envoie en cet Univers
Pour passer en revue
Certains comités
De quelques cités......;
D'un seul trait il s'élance !
Voilà qu'il a fait
L'immense trajet,
De l'Enfer à la France !

Ce Diable était un grand faiseur....,
Par Paris il commence....;
Montre au Comité directeur
Ses lettres de *créance*.....
Il est reconnu,
Est le bien *venu*,
On l'entoure, on se groupe;
Mais l'œil scrutateur
De l'ambassadeur,
Epouvante la troupe.

Bientôt il distingue à l'écart,
Courbé sur sa béquille,
Un espèce de papelard,
Aux yeux de crocodile.....
Il lui dit soudain :
Est-ce ainsi, coquin,
Que tu conduis la barque ?
Je fais, dès demain,
Finir ton destin
Par les mains de la Parque.

Le béquillard, dans la stupeur,
Faisait laide grimace....;
Mais revenu de la terreur
Qu'a produit la menace;
Il répond d'abord :
Calmez ce transport;
Il est trop effroyable.
Vous me *connaissez*,....,
Je suis, vous savez,
Le serviteur du Diable.....

Pluton, dans le sombre manoir,
Parle bien à son aise......;
Ne sait-il pas que mon espoir
Etait..... *quatre-vingt-treize*.....?
Ouvrage complet,
Libelle et pamphlet,
Sont sortis de ma plume.....
De souffler le feu,
Je me fais un jeu,
Car telle est ma coutume.....

En France, il n'est pas défendu
De prêcher l'hérésie.....;
J'érige le crime en vertu,
Répands la calomnie......
Je trompe souvent,
Et subtilement,

L'innocence crédule ;
Puis à pleine main,
Je verse en son sein,
Le poison sans scrupule.....

Malgré mes *illustres* travaux
Et mon *active* escorte,
Peu de Députés libéraux
Nous prêteront main-forte.....
Je gémis sans fin,
Qu'un fatal destin
Nous opprime et nous lèze ;
Car ces *forts esprits,*
(Moi-même compris),
Ne font *encor* que *seize*....!

Vous serez, sans doute, surpris
D'un nombre aussi *minime*....!
J'ai pourtant rempli mes écrits
Du retour de la *dîme*.....
Erreur, fol espoir....!
Puisqu'au lieu d'avoir
Au moins *les dix centièmes ;*
Mon parti battu,
N'aurait obtenu
Que *huit deux cents quinzièmes*....!

Oui, nos affaires d'ici bas
Ont bien changé de *face*....!
Je suis confus, honteux, hélas!
De tout ce qui s'y passe....
Allez en Enfer,
Dire à Lucifer
Qu'il a perdu sa cause.....
Et que, pour jamais,
Au cœur des Français,
La Royauté repose....!

C'est en vain qu'il voulait finir
Ce discours lamentable....;

L'auditoire en pousse un soupir,
L'on voit pleurer *le Diable!*
Si tôt abattu,
Si tôt revenu,
Ce Démon jure et peste.....
Il quitte le lieu,
Sans faire d'adieu,
Sans demander son reste.

C. V.

## ADIEUX A M. DE BOUVILLE.

Air : *Vous m'entendez bien.*

Adieu, notre cher Président,
Allez briller au Parlement;
N'oubliez pas la gloire,
    Eh bien!
Qu'ici l'on met à boire,
    Et vous m'entendez bien.

A boire à la santé du Roi,
C'est-là notre article de foi;
Nous n'en voulons pas d'autre,
    Eh bien!
Vous serez notre apôtre,
    Et vous m'entendez bien.

Dites à nos Princes chéris,
Que les frères de Saint-Louis
Ne veulent que la gloire,
    Eh bien!
De les servir et boire,
    Et vous m'entendez bien.

A boire à toutes leurs vertus,
Qu'en nos cœurs ils sont confondus;
Qu'en buvant, de leur gloire,
    Eh bien!

Nous gardons la mémoire,
   Et vous m'entendez bien.

Jamais couplet jusques ici
De mon cerveau n'était sorti;
Mais pour chanter la gloire,
   Eh bien!
Je rime et je veux boire,
   Et tu m'entends très-bien.

Oui, tu m'entends, car si mes vers
Partent d'un esprit de travers,
Mon cœur ressent ta gloire,
   Eh bien!
Il chérit ta victoire,
   Et tu le comprends bien.

L.

## COUPLETS AJOUTÉS.

*Même Air.*

De son départ consolez-vous,
Si de Bouville est loin de nous,
Notre amour lui proteste,
   Eh bien!
Que dans nos cœurs il reste,
   Et vous m'entendez bien.

Il y régnera constamment,
Nous en faisons le doux serment;
Car, dans nos cœurs, je gage,
   Eh bien!
Qu'il laisse son image,
   Et vous m'entendez bien.

C. V.

## SUR L'ÉLECTION DU COLLÉGE DE DÉPARTEMENT
### DE LA SEINE-INFÉRIEURE.

A-t-on jamais fait choix de meilleurs Députés ?
Commerce, Agriculture, unis à l'Industrie,
Vont se prêter appui, sans se porter envie,
Et tous les intérêts seront représentés.

L. D.

www.ingramcontent.com/pod-product-compliance
Lightning Source LLC
Chambersburg PA
CBHW071423060426
42450CB00009BA/1979